GARFIELD

fait le plein

PAR JIM DAVIS

DISTRIBUTEURS EXCLUSIFS :

° POUR LE CANADA ET LES ÉTATS-UNIS :
  Les Messageries ADP
  955, rue Amherst
  Montréal, Québec
  H2L 3K4
  Tél.: (514) 523-1182
  Télécopieur: (514) 939-0406

° POUR LA SUISSE
  Transat S.A.
  Route des Jeunes, 4 Ter
  C.P. 1210
  1211 Genève 26
  Tél.: (41-22) 342-7740
  Télécopieur: (41-22) 343-4646

° POUR LA FRANCE ET LES AUTRES PAYS :
  Dilisco Diffusion
  122, rue Marcel Hartmann
  94200 Ivry-sur-Seine
  Tél.: 49.59.50.50
  Télécopieur: 46.71.05.06

° POUR LA BELGIQUE ET LE LUXEMBOURG :
  Vander S.A.
  Avenue des Volontaires, 321
  B-1150 Bruxelles
  Tél.: (02) 762-9804
  Télécopieur: (02) 762-0662

JIM DAVIS

GARFIELD
fait le plein

TRADUIT DE L'AMÉRICAIN PAR
JEAN-ROBERT SAUCYER

Publié par:
Presses Aventure, une division de
Les Publications Modus Vivendi Inc.
C.P. 213, Dépôt Sainte-Dorothée
Laval (Québec)
Canada
H7X 2T4

Traduction: Jean-Robert Saucyer
Infographie: Modus Vivendi

Dépôt légal: 3ième trimestre 1996
Bibliothèque nationale du Québec
Bibliothèque nationale du Canada
Bibliothèque nationale de Paris

ISBN: 2-922148-06-8

GARFIELD ACCEPTE MAL DE VIEILLIR...

JIM DAVIS 6-17

Z

C'EST DONC VRAI! JE DEVIENS VIEUX! JE DEVIENS CHAUVE!

OH! NON! TU RECOMMENCES À MUER!

© 1994 PAWS, INC./Distributed by Universal Press Syndicate

OH!... FAUSSE ALERTE!

JIM DAVIS 6-18

© 1994 PAWS, INC./Distributed by Universal Press Syndicate

SLURP SLURP   BLUP BLUP   SLURP SLURP   BLUP BLUP

BLUP BLUP   BLUP BLUP   CRUNCH CRUNCH CRUNCH CRUNCH

CRUNCH CRUNCH

SLURP!!

JIM DAVIS 7-5

EN CE QUI TE CONCERNE, JE N'EXISTE QUE POUR TE NOURRIR...

TU DIS CELA COMME SI ÇA N'AVAIT PAS D'IMPORTANCE!

QU'EST-CE QUE JE SUIS DÉPRIMÉ!

ET SI J'INVITAIS TOUS MES AMIS À FAIRE LA FÊTE?

JE M'ATTENDAIS À PLUS DE GENS...

LA PROCHAINE FOIS, INVITE TES ENNEMIS!

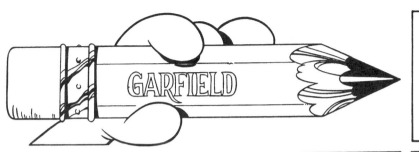

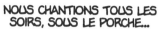

QU'Y A-T-IL POUR DÎNER, JON?

DE LA BOUFFE POUR CHATS!?

UNE SURPRISE N'ATTEND PAS L'AUTRE!

UN CHAT SARCASTIQUE N'EST LE CHAT DE PERSONNE!

JIM DAVIS 7-20

PAUVRE JON!

JIM DAVIS 7-21

VOICI UN TYPE QUI DONNERAIT SA CHEMISE À QUELQU'UN...

ET PERSONNE N'EN VEUT!

CLAC!

© 1994 PAWS, INC./Distributed by Universal Press Syndicate

JIM DAVIS 7-24

WHAM!

IL Y A LE CAFÉ ORDINAIRE...

BLUP

BONG!

FLAP! FLAP! FLAP! FLAP!

WHIRRRRRRR

© 1994 PAWS, INC./Distributed by Universal Press Syndicate

PUIS IL Y A LE CAFÉ-RESTÉ-AU-FOND-DE-LA-CAFETIÈRE-BRANCHÉE-24-HEURES!

JRM DAVIS 8-7

À COURT DE CHIFFONS POUR L'ÉPOUSSETAGE?

JIM DAVIS 8·12

JE PRENDS MA VESTE ET JE SUIS PRÊT POUR LA VISITE CHEZ LE VÉTÉRINAIRE!

D'ACCORD!

TU LE SALUERAS DE MA PART!

JIM DAVIS 8·13

© 1994 PAWS, INC./Distributed by Universal Press Syndicate

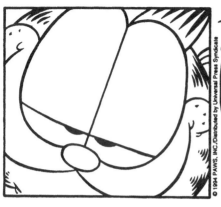

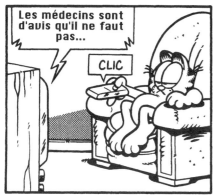

JE PARIE QUE TU NE TROUVERAS PLUS ODIE!

QUE FAIS-TU AVEC CETTE PELLE?

TSS-TSS! AUCUN INDICE!

JIM DAVIS 9-7

VOILÀ UNE TASSE ÉNORME!

NON, ELLE EST DU BON FORMAT...

...POUR CE BEIGNE!

JIM DAVIS 9-8

TIENS! C'EST ONCLE NED, PASSIONNÉ D'AGRICULTURE

"L'ODEUR DE LA TERRE EST LE PARFUM DE LA VIE", DISAIT-IL

ÇA EXPLIQUE LES MOTTES DE SALETÉS DANS SES NARINES!

COMBIEN DE TEMPS VA-T-IL RESTER LÀ?

OH OH!...

CLIC
CLIC
CLIC
CLIC

ZUT! RIEN DE BON
À LA TÉLÉ!

CLIC
CLIC

© 1994 PAWS, INC./Distributed by Universal Press Syndicate

WHAM!

TOUJOURS UTILE D'AVOIR UN JOURNAL À SA PORTÉE!

JIM DAVIS 9-14

POUF!

JIM DAVIS 9-15

© 1994 PAWS, INC./Distributed by Universal Press Syndicate

pif!

LE CŒUR N'Y EST PLUS!

JIM DAVIS 9-16

DONNE-MOI LE RUBAN À MESURER!

MERCI!

CETTE ARAIGNÉE EST VRAIMENT GÉANTE!

SUIS-JE EN ONDES?

FOIRE DES ANIMAUX

NOUS PASSONS AU CONCOURS D'AMATEURS!

FOIRE DES ANIMAUX

VOICI WALTER SCHMIDLAPP ET PETEY!

OOOHHH mon papa ♪

...TERESA GLOTZ ET LIZZY!

TIMMY MINKO ET BLINKY!

PEGGY SMITH ET PICKLES!

JPM DAVIS 9-18

JON ARBUCKLE ET GARFIELD!

LARDON! ICI! ICI LARDON!

BLINKY! OUAH!

MANGE VITE CETTE GLACE AVANT QU'ELLE NE FONDE!

LA GLACE AU CHOCOLAT PEUT FONDRE?!

© 1994 PAWS, INC./Distributed by Universal Press Syndicate

JIM DAVIS 9-19

JIM DAVIS 9-20

MIAOU!

BONG!

GARFIELD

© 1994 PAWS, INC./Distributed by Universal Press Syndicate

VEUILLEZ EXCUSER MES GROS MOTS!

GARFIELD

POUF!

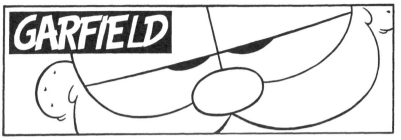

UNE ARAIGNÉE VENIMEUSE!

UNE CHAISE ET UN FOUET!

VITE! UN BARIL D'IN-SECTICIDE!

IL S'AGIT D'UNE ARAIGNÉE VELUE, CRACHEUSE DE VENIN...

OU D'UN BRIN DE LAINE!

"LES BEIGNES SONT UN ALIMENT COMPLET", DÉCLARE UN MÉDECIN

C'EST LE PLUS OBÈSE DES MÉDECINS QUE J'AIE VUS!

SANS COMPTER QUE C'EST LE PLUS SOURIANT!

GARFIELD, JE NE VEUX PAS T'OFFUSQUER...

MAIS TU DEVIENS GRAS COMME UN PORC!

J'ESPÈRE QUE TU NE T'OFFUSQUERAS PAS...

ET J'ESPÈRE AUSSI QUE TU NE T'OFFUSQUERAS PAS!

IL Y A TANT À APPRENDRE SUR L'ART DE FAIRE L'IMBÉCILE!

JE SUIS SEUL À LA MAISON...

JE N'AI PLUS QUE MOI À EMBÊTER!

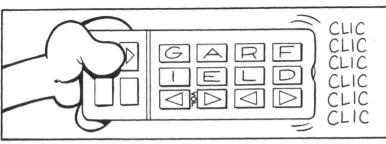

HELLO MONSIEUR FANTOCHE!

COMMENT ALLEZ-VOUS, MONSIEUR FANTOCHE? SERRONS-NOUS LA...

BEURK!

MONSIEUR FANTOCHE TE TIRE LA LANGUE!

JIM DAVIS 10-24

TCHIC

QUE FAITES-VOUS LORSQU'ILS INVENTENT DES TRUCS QUI NE FIGURENT PAS AU MANUEL D'INSTRUCTIONS?

JIM DAVIS 10-25

© 1994 PAWS, INC./Distributed by Universal Press Syndicate

JRM DAVIS 10-30

BONSOIR MESDAMES ET MESSIEURS!

CORRECTION!

BONSOIR POUBELLES ET CARTONS!

... ET LE PUTOIS RÉPOND : "CE N'ÉTAIT PAS UN POULET, C'ÉTAIT MA FEMME!"

BONG!

MON NUMÉRO DÉPLAÎT MÊME À L'ORCHESTRE!

JIM DAVIS 11-1

J'AI FAIT LE TOUR DU MONDE!

N'ÉTAIS-TU PAS DANS LE GARDE-MANGER?

LE TOUR DE MON MONDE!

J'ADORE LA COMÉDIE!

LANCER UNE TARTE AU VISAGE DE QUELQU'UN N'EST PAS DRÔLE!

OH!

J'ADORE LE DRAME!

IMPOSSIBLE DE NE PAS ÊTRE GAI EN PRÉSENCE D'ODIE!

AUSSI, JE M'EN VAIS!

RRRRRRRRRRRR

QUE FAIS-TU LÀ, GARFIELD?

NOURR

JE SUPPRIME L'INTERMÉDIAIRE!

JON A DÉCIDÉ D'AGIR...

IL A LU QUE LES FEMMES NE RÉSISTENT PAS AUX HOMMES QUI PORTENT UN CHAPEAU

SACHEZ MA CHÈRE QUE TOUTES NE SONT PAS INSENSIBLES AU CACHE-OREILLES!

LA CONNAISSANCE EST UNE ARME REDOUTABLE!

UN PEU D'EXERCICE!

VIVEMENT NE RIEN FAIRE!

GLOU
GLOU
GLOU
GLOU

© 1984 PAWS, INC./Distributed by Universal Press Syndicate

ODIE! NE BOIS PAS
DANS MON VERRE!

GARFIELD! NE TOUCHE
PAS À MON ASSIETTE!

CESSE DE LÉCHER
MA CÔTELETTE!

JIM DAVIS 11-13

BLUP
BLUP CRIC CROC

PLOUP!
PLOUP!
PLOUP!

HA!

ESSAIES-TU
DE NOUS
COUPER
L'APPÉTIT?

N'AS-TU PAS LE SENTIMENT D'ÊTRE PASSÉ À CÔTÉ D'UN TAS DE CHOSES?

OH QUE SI!

EST-CE GRAVE?

BOF...

JE ME SATISFAIS DE L'À-PEU-PRÈS.

NE VA PAS CROIRE QUE JE NE SUIS PAS RECONNAISSANT!

CRIC
CRIC
CRIC

JIM DAVIS 11-20

© 1984 PAWS, INC./Distributed by Universal Press Syndicate

J'AI LE COSTUME, J'AI LA GUITARE...

JE SUIS JON ARBUCKLE, LE COWBOY CHANTANT!

ASSIS SUR MES ÉPERONS, MA JOLIE...

D'ABORD, PENDONS SA GUITARE ET FORÇONS-LE À REGARDER!

JIM DAVIS 11-23

MON NOUVEAU POIS-SON EST EXOTIQUE

MENACÉ, IL PEUT SE DILATER POUR ATTEINDRE 50 FOIS SA TAILLE NORMALE

À QUI LE DIS-TU?

JIM DAVIS 11-24

HOUP!

MIAM!

JIM DAVIS 11-27

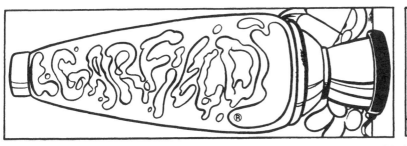

JIM DAVIS 12-4

ODIE DORT TANDIS QUE JE SUIS ÉVEILLÉ

QUE FAIRE POUR PASSER LE TEMPS?

UNE ESPÈCE DE POURCEAU FAINÉANT, DÉGEU, VAURIEN...

GOINFRE, PATAPOUF, PETITE TÊTE ET GROSSE BEDAINE...

A VOLÉ MON DÎNER!

JE CAPTE UNE CERTAINE TENSION NON LOIN

LE PREMIER
FLOCON!

JON!
JON!

FROTTE
FROTTE

L'HIVER EST À NOS PORTES

N'OUVRE PAS!

DEUX CHOSES DONT ON DOIT TENIR COMPTE AVANT D'ACHETER UN SAPIN DE NOËL...

PRIMO : LES AIGUILLES DOIVENT ÊTRE SOUPLES ET LUSTRÉES...

SECUNDO : LE PLAFOND N'EST JAMAIS AUSSI HAUT QU'ON LE CROIT!

GARFIELD!

RÉPARTIS-LES MIEUX QUE ÇA!

C'EST BON, GARFIELD! LES LAMPIONS SONT FIXÉS; TU PEUX BRANCHER!

CHAQUE ANNÉE, J'AI HÂTE À CE MOMENT!

FZZZZT

LE COURT-CIRCUITAGE DU RÉSEAU ÉLECTRIQUE DU QUARTIER!

TU SAIS, GARFIELD...

LE PÈRE NOËL SAIT SI TU AS ÉTÉ BON OU VILAIN GARNEMENT

ACCORDE-T-IL DES POINTS POUR LE SOURIRE?

QU'A DÉCLARÉ LE PÈRE NOËL LORSQU'IL FUT COINCÉ TÊTE EN BAS DANS LA CHEMINÉE?

¡OH ¡OH ¡OH

AÏE! PAS DE BONBONS DURS AÏE! OUILLE!

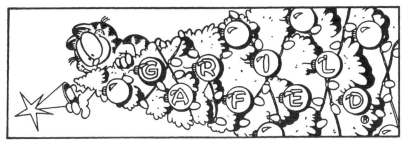

EUF...

QUEL BEAU NOËL NOUS AVONS EU, GARFIELD!

LE SAPIN ÉTAIT SPLENDIDE, LA DINDE SUCCULENTE...

LES CADEAUX BIEN CHOISIS!

MAIS, MIEUX QUE TOUT CELA, NOUS SOMMES ENSEMBLE...

JYM DAVIS 12-25
© 1984 PAWS, INC./Distributed by Universal Press Syndicate

SI JE TROUVAIS OÙ TU TE CACHES!

QUI PARLE AINSI?

WOUF?

CETTE ANNÉE, JE M'ENGAGE À AVOIR DU POIL SUR LE TORSE!

HUM!

C'EST DE LA PELUCHE!

QUELLE INSÉCURITÉ!

IL RÉPÈTE POUR LA FÊTE DE FIN D'ANNÉE!

JIM DAVIS 12-28

JIM DAVIS 12-29